현대미술의 시작
마르셀 뒤샹

글 김다혜

경기도 성남에서 태어났습니다. 서울대학교 인문학부에서 문학을 전공하고, 다양한 분야에서 글쓰기를 하고 있습니다. 지은 책으로는 『자유를 향한 외침 넬슨 만델라』가 있습니다.

그림 이기훈

충북 제천에서 태어났습니다. 미술을 전공한 후에 다양한 작품을 선보였습니다. 꼼꼼하게 작업하기로 정평이 나 있는 선생님은 부드러운 선으로 묘사하는 능력이 탁월합니다. 2009년 CJ그림축제, 2010년 볼로냐 국제 어린이 도서전 일러스트레이터로 선정되었습니다. 그린 책으로는 『양철곰』, 『라니』, 『오바마 대통령의 꿈』, 『희망을 나누어 주는 은행가, 유누스』 등이 있습니다.

꿈을 주는 현대인물선 11
현대미술의 시작 마르셀 뒤샹

1판 1쇄 발행 2012년 11월 28일
1판 2쇄 발행 2013년 10월 7일

글 김다혜 | 그림 이기훈
펴낸이 안성호
편집 이소정 김현 강별 | 디자인 이보옥
펴낸곳 리젬 | 출판등록 2005년 8월 9일 제 313-2005-00176호
주소 121-900 서울시 마포구 망원1동 485-14 진흥하임빌 401호
대표전화 02)719-6868 편집부 02)3141-6024 팩스 02)719-6262
홈페이지 www.ligem.net
전자우편 iezzb@hanmail.net

©김다혜 ©이기훈

* 잘못 만들어진 책은 바꾸어 드립니다.
* 이 책의 무단 복제와 전재를 금합니다.
* 책값은 뒤표지에 표시되어 있습니다.

이 도서의 국립중앙도서관 출판시도서목록(CIP)은 e-CIP홈페이지(http://www.nl.go.kr/ecip)와 국가자료공동목록시스템(http://www.nl.go.kr/kolisnet)에서 이용하실 수 있습니다.
(CIP제어번호: CIP2012005239)

ISBN 978-89-92826-88-4 44600
        978-89-92826-87-7 (세트)

현대미술의 시작
마르셀 뒤샹

글 김다혜 | 그림 이기훈

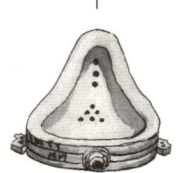

리젬

머리말

세상을 깜짝 놀라게 할 준비가 되었나요?

어떤 시대든 그 시대의 문화가 있습니다. 극장에 모여 우아한 클래식 음악을 들어야만 교양 있는 사람으로 여겼던 시대가 있었고, 청바지에 기타를 메고 다녀야 문화를 누리는 사람으로 생각된 시대가 있기도 했습니다.

문화는 시대마다 다르고, 그 시대마다 누군가 개척자가 있기 마련이었습니다. 최초로 불을 발견한 사람이 있었기에 지금과 같이 가스레인지처럼 불을 사용할 수 있는 도구들이 개발되었을 테고, 바퀴의 발명이 있었기에 자동차와 같은 운송 수단들이 생겨났을 것입니다. 또 포르투갈 사람 바르톨로뮤 디아스가 남아프리카 희망봉을 발견했기에 대항해시대에 많은 상인들이 유럽에서 인도로 무역을 나설 수 있었을 것입니다. 레오나르도 다 빈치도 그러한 개척자 중의 한 사람이었고, 『돈키호테』를 쓴 세르반테스 역시 그 시대를 소설로 풍자했던 개척자 중 한 사람입니다. 이 모든 사람들은 그때만 해도 세상을 깜짝 놀라게 했던 사람들이었습니다.

이렇게 시대를 앞서 문화를 개척한 사람 중에는 마르셀 뒤샹(Marcel Duchamp 1887~1968)도 있습니다. 뒤샹은 1887년 7월 28일 프랑스 루왕 근처에 있는 작은 마을에서 육남매 중 셋째로 태어났습니다. 성격이 다소 내성적이었던 그는 당시 프랑스 미술계의 흐름이었던 인상주의, 야수주의, 입체주의 길을 차례로 거쳐, 나중에 세계를 깜짝 놀라게 할 작품을 내놓습니다. 그것이 바로 〈샘〉입니다. 전시장을 둘러본 사람들은 남성용 소변기에 불과한 〈샘〉을 당장 갖다 버리라고 호통쳤습니다. 하지만 뒤샹은 오히려 그들의 답답한 안목에 목소리를 높입니다. 편안한 자세로 그림을 감상하려고 하지 도무지 생각을 하지 않는다는 것이었습니다.

그림은 의자에 앉아 우아한 음악을 감상하듯 하는 게 아니라 눈으로 본 대상을 머릿속에서 스스로 움직여볼 때 또 하나의 그림이 만들어진다는 것입니다. 이 말은 눈으로 보는 그림에서 머문다면 그것은 작은 엽서와도 같은 그림밖에 안 된다는 것입니다. 그리고 머릿속에 이미 들어와 있는 그림에 대한 생각에서 벗어나야 새로운 그림의 세계로 입장할 수 있는 초대장을 부여받는다고 생각했습니다. 그래서 뒤샹은 자전거 바퀴 같이 거리에서 흔히 볼 수 있는 제품들을 테이블 위에 올려놓는 것처럼 작품을 만들었습니다. 운송 기구가 '거리'에서 '갤러리'라는 공간으로 이동하여 또 다른 의미를 낳은 것입니다.

그 후로도 뒤샹은 줄곧 이미 만들어진 제품들에 자신의 생각을 입혀 '레디 메이드'라는 창조물을 만들어 냈습니다. 갤러리에 전시된 그 작품들은 금방 팔려나갔습니다. 물론 그가 태어났던 프랑스에서는 좋은 시선을 받지 못했습니다. 그래서 결국 뒤샹은 1955년 미국으로 떠났습니다.

이 책은 뒤샹의 새로움에 대한 도전을 시간의 흐름에 따라 들려주고 있습니다. 새로운 것! 그것은 기존의 질서와 타협하지 않고 묵묵히 그 길을 갈 때만이 주어지는 행운입니다. 뒤샹은 그 행운을 거머쥐었고, 1968년 파리로 돌아와 생을 마칩니다.

여러분 주변에 자신과 다른 생각을 하는 친구들이 분명 있을 겁니다. 그렇다고 그런 친구를 이상한 시선으로 바라볼 필요는 없습니다. 그 친구가 몇십 년 뒤에 뒤샹을 뛰어넘는 천재가 되어 있을 수도 있으니까요.

2012년 11월 김다혜

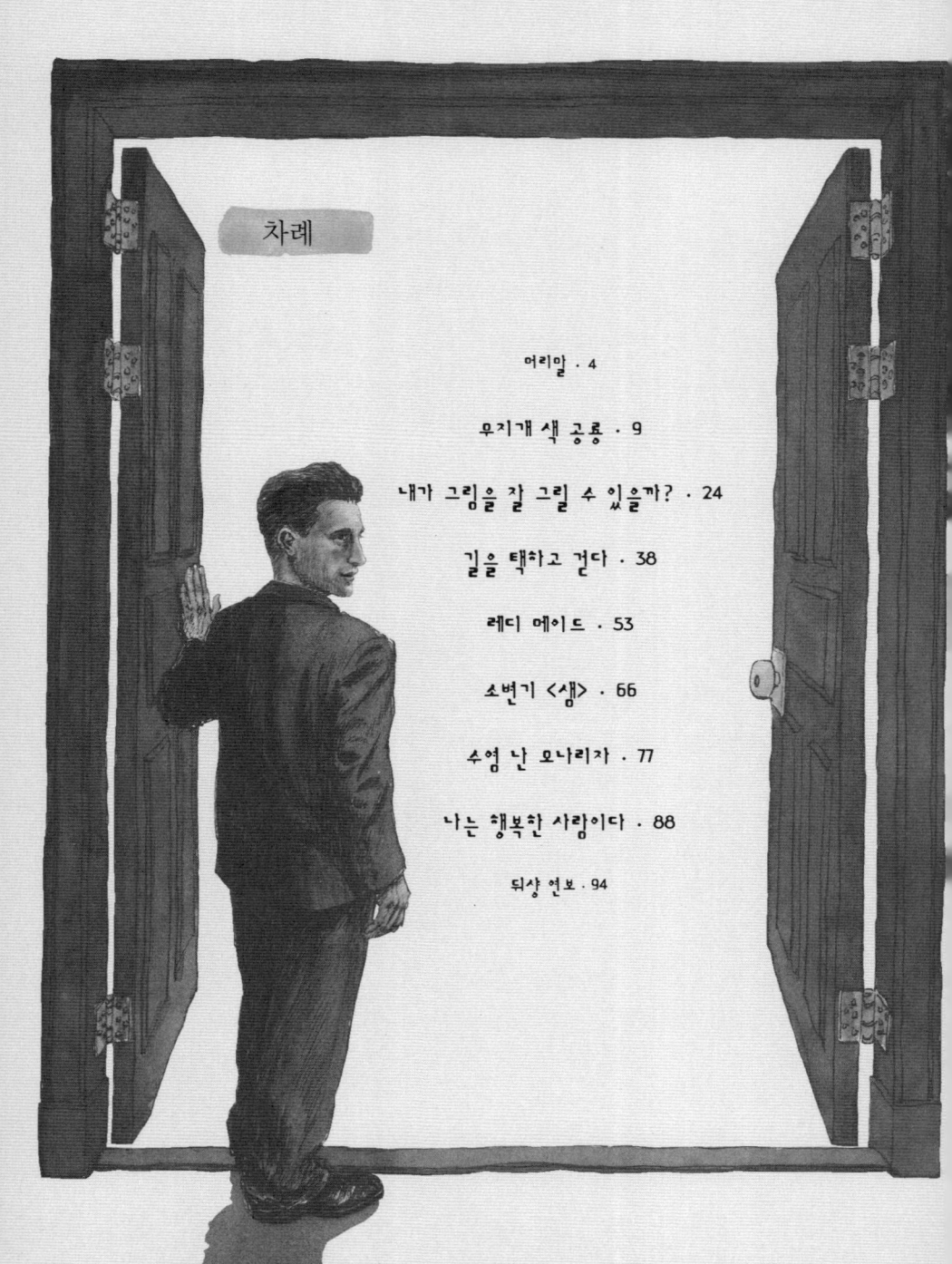

차례

머리말 · 4

무지개 색 공룡 · 9

내가 그림을 잘 그릴 수 있을까? · 24

길을 택하고 걷다 · 38

레디 메이드 · 53

소변기 〈샘〉 · 66

수염 난 모나리자 · 77

나는 행복한 사람이다 · 88

뒤샹 연보 · 94

등장인물

♟ 마르셀 뒤샹
남성용 소변기나 자전거 바퀴와 같은 다양한 소재들을 활용해 '레디 메이드'란 개념으로 새롭게 미술을 정의했습니다.

♟ 쥐스탱 이시도르 뒤샹
뒤샹의 아버지로 뒤샹을 비롯한 세 아들이 예술가의 길을 갈 수 있도록 적극적으로 지원했습니다.

♟ 마리 카롤린 뤼시
뒤샹의 어머니로 남편과 함께 뒤샹을 지원하며, 큰 힘이 되어 주었습니다.

♟ 가스통
뒤샹의 첫째 형으로 '자크 비용'이라는 예명으로 그림을 그렸습니다.

♟ 레이몽
뒤샹의 둘째 형으로 '뒤샹 비용'이라는 예명을 쓰며 조각가로 활동했습니다. 1918년 건강이 좋지 않아 이른 나이에 죽음을 맞이했습니다.

♟ 쉬잔
뒤샹의 첫 번째 여동생으로 뒤샹이 인물을 그리기 시작할 무렵부터 좋은 모델이 되어 주었습니다.

♟ 만 레이
본명 엠마누엘 래드니츠키. 화가이자 사진작가로 활동하며 아렌스버그, 뒤샹과 함께 예술에 관하여 종종 의견을 나누었습니다.

♟ 월터 아렌스버그
부유한 수집가이자 시인으로 뒤샹이 뉴욕에서 작품 활동할 때 가까이 지냈습니다.

무지개 색 공룡

"할아버지나 형들의 영향으로 나는 예술가가 되는 것에 대해 생각할 기회가 많았다."

프랑스 노르망디의 작은 시골 마을 블랭빌, 늦은 밤 어느 집에 체스 말 놓는 소리, 음악 소리, 소곤거리다 이내 깔깔대고 웃는 아이들 목소리가 들린다.

"얘들아, 이제 그만 자야지."

어머니 마리 카롤린 뤼시는 걱정스럽다는 듯 아이들을 향해 말했다.

"그래. 어머니 말을 들어라. 다들 자야 할 시간이 된 것 같구나."

여섯 남매 곁에서 체스를 두고 있던 아버지 쥐스탱 이시도르 뒤샹이 말했다.

"네!"

여섯 아이들의 얼굴에 아쉬움이 잔뜩 묻어났다. 아이들이 방으로 사라지자 거실에 가득했던 온기가 흩어졌다가 아이들 방으로 다시 모여들었다.

"쉿, 조용! 우리가 안 자고 떠들고 있는 걸 엄마 아빠가 알면 혼날 거야."

"응, 알았어. 형."

"가스통 형, 아까 형이 그렸다고 했던 그림 좀 보여 줘."

"아, 그거? 기다려 봐."

큰형인 가스통이 베개 밑에 감추어 둔 스케치북을 꺼내어 두 남동생들에게 보여 주었다. 동생들의 눈이 커졌다.

"우와, 형! 대단하다! 진짜 엄마가 화났을 때랑 똑같아."

"정말이야. 엄마보다 약간 더 우스꽝스러워 보이긴 하지만 아주 비슷해."

"헤헤. 그래? 다음번엔 아빠가 체스에 집중해서 인상 쓰고 있는 걸 그릴 거야."

"멋지다. 아, 나도 보여 줄 게 있어."

"뭔데?"

호들갑을 떨던 둘째 레이몽이 침대 아래로 팔을 쭉 뻗어 예사롭지 않은 나무 조각들을 꺼냈다.

"와, 이게 뭐야?"

"이건 집게벌레고, 이건 공룡, 이건 옆집 고양이 마리. 작은 칼로 깎아서 만든 거야. 어때?"

"잘 만들었는데? 이 작은 나무로 어떻게 이런 모양을 만들었는지 신기할 정도야."

두 형들을 바라보는 꼬마 마르셀 뒤샹의 얼굴이 신기함과 부러움으로 빛났다.

'자신의 손으로 무엇인가를 만들어 낸다는 일은 정말 멋져!'

곰곰이 생각하던 뒤샹은 형들에게 잘 자라는 인사도 하지 못한 채 잠이 들고 말았다. 꿈에선 온통 알록달록한 집게벌레와 공룡들이 눈을 어지럽혔다.

뒤샹의 어린 시절은 그 누구보다 예술가의 길과 가깝게 이어져 있었다. 훗날 그림을 그린 큰형과 조각을 한 둘째 형은 뒤샹에게 큰 영향을 끼쳤다.

뒤샹은 가스통을 따라 처음으로 그림을 그리기 시작했다. 아름다운 블랭빌의 경치와 가족들의 초상화가 뒤샹의 스케치북을 채우기 시작했다. 큰 갈등이나 어려움이 없던 평화로운 시절이었다.

"쉬잔, 그만 좀 움직여! 모델이 자꾸 움직이면 어떻게 그림을 그리라는 거야?"

"오빠, 이게 벌써 열 번째야. 나같이 예쁜 모델을 거저 쓰면서 잔소리 좀 그만하라고!"

"뭐? 내가 너를 그릴 때마다 얼굴에 보기 싫은 점들은 안 그린다는 걸 모르고 하는 소리는 아니겠지? 이번엔 확 못난이로 그릴까 보다……."

"뭐라고? 오빠, 진짜!"

동생 쉬잔은 처음 인물을 그리기 시작한 뒤샹에게 아주 좋은 모델이 되어 주었다. 가끔 싸울 때도 있었지만 가족이기에 누구보다도 서로를 잘 이해하고 배려할 수 있었다. 쉬잔뿐 아니라 여동생 이본과 마들렌도 뒤샹의 모델이 되어 주었다. 게다가 뒤샹의 아버지와 어머니는 그의 두 형들이 예술가적 기질을 마음껏 발휘하는 터라, 뒤샹을 적극적으로 지원해 주었다.

"엄마, 뭐하고 계세요?"

"아, 뒤샹! 쉬잔 초상화는 완성한 거니?"

"네! 쉬잔이 자꾸 움직여서 이것보다 더 잘 그릴 순 없었어요."

뒤샹은 어머니에게 초상화를 보여 주었다.

"정말 근사하구나, 뒤샹. 넌 가스통과 레이몽 형들만큼, 아니 그보다 더 훌륭한 예술가가 될 수 있는 자질을 타고났어."

"엄마도 참……. 그런데 엄마도 그림 그리고 계셨던 거 아니에요?"

"아, 이건 그냥 재미삼아 하는 거란다. 식기에 풍경들을 그려 넣으면 밥 먹을 때마다 숲 속에 소풍 와 있는 기분이 들지 않겠니? 언젠가는 직접 식기들을 구워 보고 싶은데, 그게 언제가 될지는 모르겠구나."

아들과 어머니는 서로를 이해하는 듯 미소를 지었다.

평화로운 날들이 계속되었다.

뒤샹의 두 형들은 파리로 가서 공부에 전념했다. 열 살이 된 뒤샹은 루앙 지역에서 학교를 다녔다. 그러나 뒤샹의 관심사는 온통 그림 뿐이었다.

"자, 여러분. 오늘은 좋아하는 동물 하나를 그려 볼 거예요."

미술 시간이 되자 뒤샹의 눈이 반짝반짝 빛났다.

'좋아하는 동물이 많은데 하나만 그리라니. 게다가 미술 시간은 왜 일주일에 한 시간뿐인 거야!'

어린 뒤샹은 자유롭게 뛰놀며 가족들의 초상화와 풍경화를 그리던 때를 떠올렸다.

"뒤샹, 무슨 생각을 그렇게 하니? 그림 그려야지!"

"아, 네, 선생님. 아무것도 아니에요."

뒤샹은 상냥한 선생님의 미소에 기분을 추스르고 연필을 집어 들었다.

'어떤 동물을 그릴까?'

미간을 찌푸리고 고민하던 뒤샹은 마침내 좋은 생각을 떠올렸다.

'레이몽 형이 조각해서 보여 줬던 공룡을 그려야지. 꿈에 나왔던 대로 무지개 색을 칠할 거야.'

신이 나서 그림을 그리는 뒤샹에게 친구 폴이 말했다.

"뒤샹, 공룡은 멸종했어. 게다가 그런 색깔의 공룡은 지구에 살지도 않았다고."

"그건 나도 알아. 그렇지만 난 공룡을 좋아하는걸. 게다가 이 색깔은 정말 예쁘잖아?"

"아무튼 그건 아니야. 진짜로 있지도 않은 걸 그리다니 말이 안 되지!"

"그……, 그런가……."

옥신각신하는 소리에 선생님이 돌아보았다.

"뒤샹, 폴! 그림 그리는 데 무슨 이야기가 그렇게 필요하니?"

이때다 싶었는지 폴이 재빨리 나섰다.

"선생님, 뒤샹은 이상해요. 동물을 그리라고 했는데, 웬 공룡을 그리고 있어요. 그것도 알록달록한 색을 마구 칠하면서요. 세상에 이런 공룡이 어디에 있어요. 그렇죠? 그래서 제가 그러면 안 된다고 가르쳐 주었어요."

얼굴이 빨개진 뒤샹은 그만 고개를 푹 숙이고 말았다.

'제일 기다려온 미술 시간인데 반 아이들에게 창피를 당하다니. 그리고 이젠 선생님한테 혼나겠지.'

하지만 뒤샹에게 가까이 다가와 뒤샹의 그림을 꼼꼼히 살피던 선생님의 반응은 예상과는 달랐다.

"자, 여기를 좀 보세요! 뒤샹이 아주 멋진 그림을 그렸네요. 여러분은 이런 색깔의 공룡을 본 적이 있나요?"

"아뇨! 그런 공룡은 없어요! 그러니까 뒤샹은……."

"폴, 꼭 있는 걸 그대로 그려야만 한다고 말한 적은 없어요. 뒤샹이 상상한 이 공룡은 너무 예쁘고 귀여워서 선생님은 한 마리 키우고 싶을 정도인데?"

선생님의 익살에 반 아이들이 깔깔대고 웃었다.

그제야 뒤샹도 고개를 들고 웃을 수 있었다. 수업이 끝나자 아이들이 뒤샹에게 몰려들었다.

"뒤샹, 네 공룡 그림 보여 줘."

"나도! 아까 봤는데 정말 멋지더라."

"넌 어떻게 그런 생각을 한 거니?"

"우리와 생각이 다른 걸 보니 넌 천재야!"

뒤샹은 기뻐서 어쩔 줄 몰랐다.

적응하기 어려울 줄로만 알았던 학교 생활이 놀라울 만큼 즐거웠다.

공룡 그림 사건 이후로 뒤샹은 아이들 사이에서 꼬마 화가로 대접받았다. 뒤샹에게 가장 기뻤던 일은 자기를 놀렸던 폴이 쭈뼛거리며 초상화를 그려 줄 수 있는지 물었던 것이었다. 둘은 그러한 일이 있은 후에 오히려 단짝이 되었다.

"뒤샹, 내가 진짜 이 그림처럼 목이 짧아 보여?"

"응? 하하하, 그렇게 시무룩한 표정으로 물어보면 사실대로 대답해 줄 수가 없잖아."

"뭐? 그런 식으로 놀리기야, 정말?"

"농담이야, 농담! 다음엔 기린처럼 목을 길게 그려 줄게."

"야!"

그렇게 마냥 평화로운 나날들이 이어질 것 같던 뒤샹의 일상에도 변화의 바람이 불어왔다.

어느 날, 아버지와 어머니가 학교에 찾아왔다.

"뒤샹, 루앙의 학교를 떠나 파리로 가는 건 어떠니?"

아버지 쥐스탱이 조용히 말했다.

"왜요?"

뒤샹은 짐짓 놀라서 아버지에게 물었다.

"너는 어차피 미술 공부를 하고 싶은 거잖니? 그렇다면 형들과 함께 있는 것이 도움이 될 게다."

"그러렴, 뒤샹. 게다가 레이몽이 요즘 아프다고 하는구나. 엄마는 형제들끼리 같이 살며 서로 도우면 좋을 것 같구나. 여기는 걱정하지 말고 가서 형들과 잘 지내도록 하렴."

어머니 마리가 자상한 손길로 뒤샹을 쓰다듬었다.

뒤샹은 갑자기 루앙의 학교를 떠나야 한다는 게 가슴 아팠다. 하지만 형들을 만날 수 있다는 것은 기분 좋은 일이었다.

"네, 알겠어요. 그렇지만 선생님과 친구들에게 인사는 하고 가고 싶어요."

"물론이지. 그렇게 하렴."

루앙의 학교 선생님과 친구들은 뒤샹에게 꿈에 대한 확신을 주었던 사람들이었다. 뒤샹은 그들 모두에게 진심으로 고마웠다.

"선생님, 항상 제게 용기를 주셔서 감사했어요. 선생님 덕분에 무엇을 하고 싶은 건지 스스로 깨닫고 노력할 수 있었어요. 폴, 처음엔 얄미웠지만 네 덕분에 정말 즐거운 시간을 보냈어. 너를 놀렸던 건 모두 장난이야. 넌 정말 좋은 친구야. 다른 친구들도 모두 고마워. 내 그림을 보고 칭찬해 줬던 것 잊지 않을게."

"뒤샹, 나도 널 잊지 않을 거야."

폴이 말했다.

"파리에 가서도 항상 여기에서 지낸 시간을 생각하며 힘낼 거야. 누구보다도 멋진 그림을 그리는 화가가 되어 돌아올게. 다들 좋은 어른이 되어서 다시 만나자!"

씩씩하게 작별의 말을 건넸지만 뒤샹의 마음은 무거웠다.

부모님과 함께 교실 밖으로 나오면서 뒤샹은 몇 번씩이나 뒤돌아보았다.

"잘 가, 뒤샹!"

폴이 교문까지 달려 나와 손을 흔들었다.

"잘 있어, 폴!"

뒤샹 역시 폴에게 힘껏 인사했다. 교문을 벗어난 뒤샹은 그제야 낯선 도시로 떠나는 것에 대한 불안과 설렘을 느끼기 시작했다.

'점점 혼자서 해결해야 할 것들이 많아질 테고, 새로 친구

를 사귀어야 하는 것도 부담스럽겠지.'

"제가 잘할 수 있을까요?"

생각에 잠겼던 뒤샹이 어머니에게 물었다.

"그럼, 세상은 항상 문을 열고 들어가서 또 문을 열고 나오는 거야. 두려워서 문을 꼭꼭 닫아 버리면 평생 그 안에서만 살게 되지."

"옆집에 있던 다람쥐처럼요?"

"그렇지. 사람은 항상 새로운 세상을 만날 준비를 해야 한단다."

"네."

어머니 마리의 말대로 또 다른 문이 뒤샹을 기다리고 있었다.

내가 그림을 잘 그릴 수 있을까?

"나는 가스등 불빛 아래서 그린
그림의 색깔이 어떻게 변하는지 보고 싶었어."

뒤샹이 파리에 갔을 때, 가스통은 본격적으로 미술 공부를 하는 중이었다. 하지만 레이몽은 새로 시작한 의학 공부에 재미를 붙이지 못하고 방황하고 있었다. 엎친 데 덮친 격으로 건강마저 좋지 않아 의과대학 마지막 학기에 공부를 그만두게 되었다. 힘들어하는 레이몽에게 뒤샹은 어떻게든 힘이 되어 주고자 했다.

"형, 나랑 같이 산책이라도 갈까?"

뒤샹이 웃으며 말했다.

"아니, 난 그냥 집에서 쉴래. 혼자 다녀와……."

"혼자서는 심심해. 그러지 말고 같이 갔다 오자!"

"싫다는데 왜 자꾸 귀찮게 하는 거니? 이러지 말고 너는 그

잘난 그림 연습이나 해!"

레이몽은 벌컥 화를 냈다. 뒤샹은 처음 보는 낯선 형의 모습에 어리둥절했다.

"아, 알았어. 그래도 그렇게 화낼 것까진 없잖아……."

축 늘어진 어깨로 뒤샹은 방을 나섰다. 레이몽은 자리에 털썩 주저앉으며 말했다.

"휴……. 내가 동생한테 무슨 짓을 한 거지? 의젓한 모습을 보이기는커녕 형이랍시고 동생에게 쓸데없는 짜증이나 부리고 있다니. 정말 한심하군."

형의 마음을 모르는 뒤샹이 아니었다. 새로 시작한 공부는 뜻대로 되지 않고 병까지 났으니 짜증을 내는 것도 이해 못할 바가 아니었다.

'형에게는 마음을 쏟을 다른 무언가가 필요해. 그게 뭘까?'

잠시 후, 뒤샹의 머릿속을 스치고 지나가는 것이 하나 있었다. 바로 어린 시절 레이몽이 그토록 좋아했던 '조각'이었다. 뒤샹은 그 길로 시내에 나가 형이 쓸 만한 조각칼과 몇 자루의 무른 분필을 사서 돌아왔다.

"레이몽 형! 뭐 하고 있었어?"

"그냥 앉아 있었지, 뭐. 그나저나 뒤샹, 아까는 내가 정말 미안했어……."

"그런 말 하지 마. 형이 힘든 거 누구보다 잘 이해할 수 있으니까. 그것보단 이걸 좀 봐."

"이게 뭔데?"

레이몽은 뒤샹이 내민 것들을 보고 한참이나 말을 잇지 못했다. 어린 시절, 무언가에 열정을 가지고 최선을 다했던 기억이 떠올랐기 때문이었다.

"형, 너무 힘들면 의학 공부는 잠시 쉬고 조각을 해 보는 건 어때? 어차피 몸이 낫기 전까지 활동적인 일을 하긴 무리니까 말이야. 힘이 좀 나지 않겠어?"

"뒤샹…… 정말 고맙다. 형인 나보다 네가 낫구나. 정말 고마워……."

뒤샹은 말을 다 잇지 못하고 울먹이는 형을 말없이 끌어안았다.

뒤샹의 조언대로 레이몽은 조각을 다시 시작했다. 사회적 명성이나 부를 위해서라면 의학 공부를 계속 하는 것이 나았을 테다. 하지만 레이몽은 이미 자신이 진정으로 원하는 것이 무엇인지 깨달았다.

이렇게 하여 삼형제는 모두 예술가의 길을 걷기 시작했다.

1905년, 열여덟 살이 된 뒤샹은 미술 학교에 들어가기 위한 공부를 시작했다. 꿈을 이루기 위해서 필요한 일이었다. 게다가 어린 시절부터 그림과 예술로 둘러싸인 환경에서 자라난 뒤샹은 다른 꿈은 생각하지도 않았다.

시험이 하루 앞으로 다가오자 뒤샹은 조금씩 초조해지기 시작했다.

'내가 잘 해낼 수 있을까? 시골 학교에서 그림 좀 그린다고 소문났던 거랑 미술 학교의 입학시험을 통과하는 건 완전히 다른 일인데. 떨어지면 어떻게 하지?'

마침내 날이 밝았다. 가스통과 레이몽은 밝은 표정으로 뒤샹을 응원했지만 뒤샹은 그마저도 부담으로 느껴질 뿐이었다.

'형들과 난 달라. 형들은 이미 이루어 놓은 것들이 있지만 나에게는 아무것도 없어. 마치 어린 시절로 다시 돌아간 것 같

은 느낌이야.'

뒤샹은 그림에 대한 생각보다 걱정과 근심, 자책으로 가득 차 시험장으로 들어섰다.

미술 학교의 문은 높고 컸다. 자신감을 잃어버린 뒤샹은 분위기에 압도되어 허리조차 펴지 못했다.

"학생들 모두 환영합니다. 우리 미술 학교의 시험이 만만치 않다는 것 정도는 알고 충분히 연습해 왔겠죠? 첫 번째 시험은 앞에 놓인 목탄으로 모델의 나체를 그리는 겁니다. 관찰력과 집중력, 표현력을 볼 거예요. 자, 그럼 시작해도 좋아요."

대상을 집중해서 관찰하는 능력이 무엇보다 필요한 시험이지만 자신감을 잃은 뒤샹의 집중력은 이미 바닥이었다. 어머니의 그림이 그려진 식기, 쉬잔의 초상화, 폴의 얼굴, 형들의 자신감 넘치는 모습이 자꾸 뒤샹의 눈앞에 펼쳐졌다.

'아, 이래선 그림을 제대로 그릴 수 없겠어……, 난 틀렸어.'

시험을 간신히 마친 뒤샹은 다리가 후들거려서 제대로 일어서지도 못했다.

'아, 내가 뭘 한 거지?'

뒤샹은 하늘을 보며 길게 한숨을 내쉬었다. 모든 게 까맣게

보일 뿐이었다.

"어땠어?"

집에 도착하자 가스통과 레이몽이 달려들었다.

뒤샹은 말없이 방으로 들어가 누워 버렸다. 누구와도 얘기하고 싶지 않은 기분이었다.

"뒤샹, 문 좀 열어 봐. 얘기 좀 하자."

"싫어, 지금은 그냥 좀 쉬고 싶어. 나중에 얘기해."

"뒤샹, 시험을 어떻게 봤는지는 모르겠지만 우린 그냥, 네 얼굴이 보고 싶을 뿐이야."

"……."

뒤샹이 힘없이 문을 열자 가스통과 레이몽이 걱정스러운 눈빛으로 들어섰다.

"뒤샹. 네 목표는 그림을 그리는 거지, 미술 학교에 합격하는 게 아니야. 형 말이 무슨 뜻인지 알겠니? 만약 네가 시험을 잘 못 봐서 떨어진다고 해도 길은 많아. 넌 이제 겨우 하나의 길을 택해 걸어 봤을 뿐이야. 여기서 지쳐 버리면 안 돼. 무엇보다 그림은 네가 제일 좋아하는 거잖아."

"그래, 뒤샹. 큰형 말이 맞아. 네가 나에게 조각해 보라고 조언해 주었을 때의 마음을 기억해 봐. 나도 그때처럼 너에게 힘이 되어 주고 싶어."

"형들, 고마워."

시험을 못 보았어도 상관없다는, 그저 힘이 되어 주고 싶다는 말에 뒤샹은 위로를 받았다.

"다시 시작할 수 있을까?"

"그럼. 안 될 게 뭐가 있니? 우리가 도와줄게."

"좋아. 다시 해 볼래. 형들과 이야기를 하다 보니 몸이 거짓말처럼 가뿐해졌어."

며칠 후, 시험 결과가 나왔다. 예상대로 불합격이었다. 뒤샹의 첫 번째 시련이었다. 하지만 형들의 위로에 불안한 마음을 잘 극복할 수 있었다.

"뒤샹, 만화 한번 그려 볼래?"

가스통이 말했다.

"형, 그게 무슨 소리야?"

어느 날, 그림 공부를 하고 있던 뒤샹에게 가스통이 제안을 했다.

"요즘 인기 있는 『르 리르』와 『르 쿠리에 프랑세』 잡지 알지? 거기에 만화 그릴 사람을 구한대. 공고를 보자마자 네가 떠올랐어. 네가 가끔 그리는 익살스러운 그림들만큼 재미있는 만화를 저 잡지들에선 본 적이 없거든. 어때?"

"재미있을 것 같아! 어차피 그림이야 항상 그리는 거고, 그걸로 돈까지 벌 수 있다면 금상첨화지. 날 추천해 줄 수 있겠어?"

"물론이지."

뒤샹은 기쁜 마음으로 가스통의 제안을 받아들였다. 파리에서의 생활에 조금이라도 보탬이 될 수 있다면 뭐든지 할 수 있을 것 같았다.

일은 순조롭게 진행되었다. 곧 잡지사 관계자와 면접이 있었고, 뒤샹의 그림 실력을 본 회사 측에선 금방 고용을 결정했다. 만화는 잡지 한 쪽의 4분의 1 크기였고, 뒤샹은 장당 10프랑을 받게 되었다.

"정말 잘됐다. 이제 네가 형들보다 돈을 더 잘 벌겠는걸?"

레이몽이 말했다.

"첫 원고료를 받으면 근사한 곳에 가서 저녁 살게."

뒤샹이 기분 좋게 대꾸했다. 간결한 선을 써서 우스꽝스러운 그림 그리기를 좋아했던 뒤샹에게 만화를 그리는 일은 안성맞춤이었다. 뒤샹은 그 작업을 무척 즐거워했다.

"우리가 기대했던 것보다 훨씬 좋습니다."

『르 리르』의 편집장이 뒤샹의 만화를 보고 말했다.

"다행입니다. 걱정을 많이 했거든요."

"이 정도 실력이면 금방 유명해지겠어요."

"설마요."

편집장은 만족스러운 표정이었다. 뒤샹은 그런 편집장이 고마웠다. 일을 준 것도 그러했지만 자신에게 자신감을 심어준 게 더없이 고마운 일이었다.

"허허허, 이번 달 잡지 판매 부수가 크게 늘었네. 이게 다 자네 덕분이야."

『르 쿠리에 프랑세』 사장 또한 뒤샹에게 칭찬을 아끼지 않았다.

"별말씀을요. 일거리를 주셔서 제가 감사하지요."

뒤샹은 날아갈 듯 기분이 좋았다. 미술 학교에 불합격하고 가졌던 실망감을 한 방에 날려 버릴 수 있었다.

뒤샹은 제 나름으로 꿈을 향해 한 걸음 한 걸음 나아가고 있었다.

뒤샹이 만화를 그리는 일을 그만두게 된 것은 군 복무 때문이었다. 당시 프랑스에는 산업미술과 그 밖의 몇몇 분야의 종사자들은 3년간의 군 복무를 1년으로 제한했다.

뒤샹은 훌륭한 판화가였던 할아버지의 영향으로 판화 인쇄공 시험에 지원하기로 결정했다. 먼저 장인들로 구성된 시험관들에게 면접을 보아야 했다.

"레오나르도 다 빈치에 대해서 어떤 것을 알고 있나요?"

시험관이 물었다.

"예술의 틀을 신 중심에서 인간 중심으로 바꾸는 데 큰 역할을 했으며 〈최후의 만찬〉과 〈모나리자〉와 같은 걸작들을 만들어 낸 천재 화가입니다. 물론 그는 조각가, 과학자, 기술자, 철학자이기도 합니다. 그렇지만 제가 그의 그림들로부터 너무나 큰 영향을 받았기 때문에 저는 그를 화가라고 가장 먼저 이야기하고 싶습니다."

뒤샹의 조곤조곤한 대답에 시험관은 고개를 끄덕였다.

"레오나르도 다 빈치의 그림 중 특히 좋아하는 그림은 뭔가요?"

"〈모나리자〉입니다. 마치 이 세상에 실존하지 않는 인물인 듯한 여인의 미소를 보고 있으면 마음이 묘하게 편안해지는 느낌이 듭니다. 너그러워 보이면서도 한편으로는 어딘지 모르게 날카로워 보이는 인상이지요. 또 윤곽선을 뿌옇게 처리한 기법에서도 무척 감명을 받았습니다."

다음은 실기 시험이었다.

동판을 판화로 찍어낸 모양을 보고 성적을 매기는 것이었다. 뒤샹은 회화와 만화, 그리고 판화 작업을 꾸준히 해 온 터였다. 지난번 미술 학교 시험과는 달리 뒤샹은 천천히 마음을 착 가라앉히고 시험에 응했다.

그래서일까. 점수는 50점 만점에 무려 49점이나 되었다.

아주 뛰어난 성적이었다.

"마르셀 뒤샹, 합격입니다. 앞으로 나라를 위해 본인의 특기를 살려 애써 주길 바랍니다."

이후 뒤샹은 사관생도 교육반에 배속된 군인이 되었고, 1년간 군 복무를 했다. 군대에 있는 동안에도 뒤샹의 머리에는 창작에 대한 아이디어와 열정으로 가득했다.

길을 택하고 걷다

"자유롭다고 생각했던 예술가들이 보여 주는
태도에 나는 적잖게 실망했다."

군 복무를 마친 뒤, 뒤샹에게는 큰 고민거리가 생겼다. 그것은 바로 만화를 계속 그릴 것인가, 하는 문제였다. 잡지사에서 일했던 경험으로 만화가로서의 가능성과 경력을 인정받았지만 곧장 만화가의 길을 선택하자니 뭔가 아쉬움이 남았다.

"네가 더 좋아하고, 잘할 수 있는 것을 해."

뒤샹의 가족들은 입을 모아 말했다. 그즈음 뒤샹은 루앙에서 학교를 다닐 때 사귀었던 피에르 뒤몽과 가깝게 지냈다. 그는 만화와 과장된 그림을 주로 그렸는데, 이 친구의 영향으로 뒤샹은 만화 쪽으로 마음이 꽤나 기울게 되었다.

"만화가 훨씬 재미있지 않아?"

눈에 장난기를 가득 담고 피에르가 물었다.

"그건 그래. 사실 만화는 누구보다 잘 그릴 자신도 있는걸. 그런데 뭔가 개운치 않은 건 왜 일까?"

"글쎄, 그건 내가 대답할 수 있는 질문은 아니지. 혼자서 잘 생각해 봐."

"그래, 네 말이 맞아."

뒤샹은 여러 사람들에게 조언을 구해 보다가 결국 자신의 생각이 가장 중요하다는 것을 깨달았다.

뒤샹은 이런저런 그림을 그려 보기도 하고, 유명한 화가들의 그림을 찾아다녀 보기도 하면서 무엇을 그릴지 생각했다.

그러던 중, 뒤샹의 마음을 사로잡은 화가가 있었는데, 바로 마네였다. 마네의 그림을 본 뒤샹은 경탄에 빠져 읊조렸다.

"이 얼마나 재치 있고 아름다운 그림인가. 단순히 눈에 보이는 것을 늘어놓는 것이 아니라 머릿속에 떠올린 것을 그림으로 나타내다니!"

마네는 당시 사진기 발명으로 인해 그림의 역할이었던 실재하는 것들을 무조건 표현하는 데 한계가 생겼다고 생각한 화가였다. 대신 그는 사람들의 생각과 마음에서 일어나는 왜곡을 그림으로 표현해 냈다. 뒤샹은 마네의 표현 기법에 크게 감명을 받았다. 그리고 마침내 뒤샹을 괴롭히던 문제의 답을 정할 수 있었다.

"화가가 되겠어!"

곁에서 묵묵히 결정을 기다리던 가족들도, 다른 길을 걷는 친구도 모두 미소를 지으며 뒤샹에게 고개를 끄덕여 보였다. 참된 지지의 표시였다.

"네 결정이니 우리는 모두 믿을게."

"너도 분명 좋은 화가가 될 수 있을 거야."

"네가 만화를 그린다면 우린 좋은 라이벌이 되겠지. 하지만 화가 친구를 두는 것도 나쁘지는 않지. 행운을 빌어, 친구!"

뒤샹은 비로소 무거운 마음을 털어 버리고 제 갈 길을 찾았다.

뒤샹의 데뷔는 오래 걸리지 않았다. 당시 프랑스에는 '살롱'이라고 불리는 예술인들의 모임이 있었고, 작품을 살롱에 출품함으로써 정식 화가로 인정받는 데뷔가 이루어졌다.

뒤샹이 스무 살이 되던 해였다. 그는 '제1회 풍자화가 살롱전'에서 대중 앞에 작품을 처음으로 선보이게 되었다.

"축하한다. 난 네가 자랑스러워, 뒤샹."

가스통이 말했다.

"나도 그래. 정말 축하해."

레이몽 역시 축하해 주었다.

"형들, 그만 해. 막상 칭찬을 들으니 조금 부끄럽네."

뒤샹은 실쭉 미소를 지었다.

"우리 모두 좋은 작품을 만들어서 나중에 꼭 가족 전시회를 열자."

"가스통 형, 그거 괜찮은 생각인데?"

"정말 멋진 생각이다. 내가 제일 늦게 시작했으니까 열심히 해야겠네. 얼른 형들을 따라잡으려면 말이야."

"살살 하라고, 동생."

가스통이 웃으며 말했다.

"그래. 넌 이미 데뷔 때부터 살롱에서 주목받는 신인이니까 좀 봐 주면서 해."

레이몽 역시 웃으며 말했다.

여전히 우애가 좋은 형제들이었다. 형들의 기대에 보답이라도 하듯 뒤샹의 작품 활동에는 불이 붙기 시작했다.

1909년, 뒤샹은 '살롱 데 쟁데팡당'에 참가했다. 뒤샹은 이곳에서 두 개의 풍경화를 선보였는데, 그 중 하나는 전혀 모르는 사람에게 100프랑에 팔렸다. 그 뒤, 처음으로 열린 '노르망디 근대회화협회전'에도 작품을 출품했다. 이 모든 게 뒤샹에게는 매우 의미 있고, 기쁜 일이었다.

뒤샹은 매주 일요일이면 예술인들끼리 조직한 모임에 참여해 예술에 관한 의견을 나누었고, 나머지 시간엔 그림을 그렸다.

초상화와 풍경화를 그리던 뒤샹에게 변화가 생겼다. 어떤 면에서 본다면 기존 미술계의 질서를 흐트러뜨리는 일이었고, 또 어떤 면에서 본다면 새로운 변화의 시작이었다. 그 출발점은 〈계단을 내려가는 나체〉라는 작품이었다.

〈계단을 내려가는 나체〉, 1912

"이 그림은 뭘 그린 거지?"

가스통이 말했다.

"그러게. 뭘 그린 건지 도통 모르겠는데."

레이몽도 고개를 갸우뚱거렸다.

"아, 형들 왔어? 그 그림의 제목은 〈계단을 내려가는 나체〉야."

뒤샹이 형들에게 다가오며 말했다.

"나체? 벗은 몸? 어디가 머리고 어디가 다리인지도 분간할 수 없는걸."

가스통이 이해할 수 없다는 듯 말했다.

"잘 들어 봐. 이건 사람의 몸을 형식적으로 분해한 거야. 그러니까 평행선들처럼 계속해서 뒤따르는 선 모양의 얇은 조각들로 나체를 변형한 거지."

뒤샹은 아주 진지하게 설명했다.

"음……, 듣고 보니 그럴듯하긴 하네. 그런데 살롱에서는 별로 안 좋아할 것 같아."

"나도 큰형과 같은 생각이야. 뒤샹, 살롱에서는 얌전하고 누구든 알아볼 수 있는 그림이 인정받는다고. 이런 그림은 보나마나 찬밥 신세일걸……."

형들의 진심 어린 걱정에도 불구하고 뒤샹의 예술적 확신은 흔들리지 않았다.

'움직임 자체가 하나의 추상이다! 실제로 어떤 인물이 실재하는 계단을 내려오는 것인지 아닌지는 중요하지 않다. 근본적으로 움직임을 만드는 것은 그림 자체가 아닌 관객들의 눈이다.'

뒤샹에게 〈계단을 내려가는 나체〉는 새로운 도전이자 야심작이었다.

"쟁데팡당 살롱에 전시해 달라고 해 볼 거야. 형들 걱정이 별 거 아니란 걸 보여 줄 테니 기다리라고."

뒤샹은 가스통과 레이몽에게 강한 의지를 보였다.

얼마 뒤, 뒤샹은 그림을 들고 살롱 데 쟁데팡당을 찾았다. 살롱의 책임자는 〈계단을 내려가는 나체〉를 슬쩍 지나가는 눈으로 보고는 버럭 화를 냈다.

"우린 이런 그림을 걸 수 없어요!"

살롱의 책임자는 싸늘한 시선으로 뒤샹을 내려다보며 투덜거렸다.

"이런 그림이라니요? 그게 무슨 뜻이죠?"

뒤샹은 실망감을 내비치며 물었다.

"뒤샹 씨도 눈이 있다면 아실 텐데요. 뭘 그린 건지도 알 수 없는 낙서 같은 것에다가 붙인 제목이 〈계단을 내려가는 나체〉라뇨. 여기에 계단은 어디 있고 나체는 어디 있죠? 장래가 밝다고 생각했던 화가 중 한 사람이었는데, 신성한 그림을 가지고 고작 이런 장난질이나 하다니 정말 실망스럽네요."

"제 그림을 이해하지 못하시는 것 같군요. 저 역시 알지도 못하면서 이야기를 들어 보려고도 하지 않는 살롱에 그림을 전시할 생각은 없습니다. 살롱을 탈퇴하겠습니다!"

뒤샹은 경악하는 살롱 책임자를 뒤로 한 채 쟁데팡당을 나섰다. 데뷔하고 처음 자신의 그림을 팔았던 살롱이었기에 애착도 강했지만, 작품을 이해받지 못한 데 대한 배신감도 컸다.

'어째서 설명을 들으려고도 하지 않는 거지? 내 그림이 그렇게 비난받을 만한 것인가?'

상심한 뒤샹은 깊은 생각에 잠겼다.

예술계의 지탄에도 불구하고 자신의 신념을 지켜 낼 것인가? 세상과 타협하여 대중들이 보기 좋은 그림을 그릴 것인가? 선택은 온전히 뒤샹의 몫으로 남겨졌다.

뒤샹은 오랜 시간 진지하게 고민했다. 하지만 사실 뒤샹에게는 처음부터 신념을 꺾고자 하는 생각이 없었다. 뒤샹은 이미 사물을 분해한 뒤 추상의 해석을 관람객의 역할로 놓아두는 방법에 깊이 빠져 있었기 때문이었다. 그는 〈계단을 내려가는 나체〉를 결코 포기할 수 없었다.

'다른 살롱을 찾겠어.'

얼마 후, 〈계단을 내려가는 나체〉는 바르셀로나에 있는 달모 화랑에 전시되었다. 뒤샹은 쟁데팡당 살롱에서의 거절로 여전히 마음이 닫혀 있었다. 그래서 뒤샹은 화랑에 모습을 나타내지 않고 은둔했다. 뒤샹을 아끼는 가족들은 그런 뒤샹이 걱정되었다.

"정말로 전시에 가 보지 않아도 괜찮겠니?"

가스통이 말했다.

"응, 걱정 마. 누군가는 분명 내 그림을 이해해 줄 거야. 확신을 얻기 전까지는 직접 전시회에 가서 쏟아지는 비난들을 받아낼 자신이 없어."

"……."

"난 괜찮아. 내가 하는 예술도 분명 가치 있는 거라고 믿어. 만약 또 이해받지 못한다고 해도 다시 도전할 거야."

"그래, 너답다! 우리 모두가 널 자랑스러워하는 거 알고 있지?"

"응. 너무 많이 알아서 탈이야, 형."

뒤샹은 웃으며 말했다.

"농담을 하는 걸 보니 안심이 된다. 기운 내라."

"응, 알겠어!"

씩씩한 척 대답을 하긴 했지만 뒤샹의 속은 까맣게 타들어 가는 듯했다.

그때, 친구 피에르로부터 연락이 왔다.

"뒤샹! 네 작품에 대한 평론이 나왔는데 봤어?"

뒤샹의 가슴은 순식간에 쿵쾅거렸다.

"아, 아니. 무슨 내용인데?"

"네 작품을 하나의 사건이라고 하면서 아주 크게 다루었던데? '〈계단을 내려가는 나체〉 사건'이라는 꽤 그럴싸한 제목을 붙여 놓았더라고. 더 이야기하면 재미없을 테니까 직접 읽어 봐."

"고마워, 피에르."

통화를 끝내자마자 뒤샹은 평론이 실린 잡지를 구해 읽었다. 피에르의 말 대로 〈계단을 내려가는 나체〉 작품을 하나의 사건으로 특별히 다루고 있었다. 기성 질서에 반기를 든 신인 작가에 대해 평론가는 비난을 아끼고 기대를 내비쳤다.

뒤샹은 기쁨에 겨워 어찌할 줄 몰랐다.

'그래. 역시 내가 틀린 건 아니었던 거야. 새로운 시각에서 바라보자. 그동안 미술과 화가에 대해 대중들이 갖고 있던 선입견의 틀을 깨고 다양한 시도를 해 보는 거야.'

뒤샹은 자신감이 생겼다. 그는 뉴욕에서 열리는 쇼에 초대를 받자 주저 없이 〈계단을 내려가는 나체〉를 포함한 자신의 그림 네 점을 보냈다. 다른 나라 사람들의 반응을 알아보고 싶었던 것이다.

결과는 놀라운 성공이었다. 〈계단을 내려가는 나체〉는 뉴욕에서 엄청난 화제를 일으켰다. 이 독특한 신예 작가의 작품에 세계가 주목하기 시작했다.

그 무렵, 뒤샹의 작품 세계에 큰 영향을 미친 것은 의외로 연극이었다. 레이몽 루셀의 소설을 각색한 연극 〈아프리카의 인상〉이 바로 그것이었다.

우연한 기회에 연극 〈아프리카의 인상〉을 본 뒤샹은 얼이 빠졌다. 그와 함께 연극을 본 친구는 뒤샹에게 물었다.

"어이, 친구. 혼자서 귀신이라도 본 거야? 왜 그렇게 넋 나간 표정을 짓고 있는 거야?"

"멋지다."

"응? 뭐라고? 연극배우한테 반하기라도 한 거야?"

"정말 멋지지 않아? 저런 건 한 번도 본 적이 없어."

"뭐? 연극을 처음 본 거야? 이런 촌스러운 친구 같으니."

"그런 말이 아니야. 한 번도 본 적이 없는 독창적인 연극이었단 거지. 친구, 나도 저런 예술을 해 보고 싶어."

"연극 한 번 보더니 연출이라도 해 보겠단 거야?"

"아니, 지금 내가 있는 자리에서 해내야지."

"대체 무슨 소릴 하는지 모르겠네."

'유명한 인물의 이름, 장소, 사건과 하나도 관계가 없는 완전히 독립적인 연극이었어. 그렇기 때문에 누구도 본 적이 없는 예술이 나올 수 있는 거겠지. 나도 저런 예술을 할 수 있다면……, 대중들의 내면으로부터 깊은 찬탄을 끌어낼 수 있는 예술을 말이야.'

완전히 다른 장르였지만 독창적 예술혼이 담긴 연극에서 뒤샹은 감전된 듯한 깨달음을 얻었다.

〈계단을 내려가는 나체〉와 함께 연극 〈아프리카의 인상〉은 뒤샹에게 새로운 길을 열어 주었다. 이때부터 마르셀 뒤샹은 '화가 뒤샹'으로 새로이 태어난 셈이었다.

레디 메이드

"나는 서로 아무런 관계도 없는
계산들과 생각들을 한곳으로 모을 수 있다고 생각했어."

〈계단을 내려가는 나체〉가 뉴욕에서 큰 반향을 일으킨 후, 뒤샹은 뉴욕에 갈 것을 여러 번 권유받게 되었다. 때마침 새로운 나라, 새로운 대중의 관심에 목말랐던 뒤샹은 기꺼이 뉴욕 행을 결심했다. 1915년, 뒤샹이 스물여덟 살이 되던 해였다.

뉴욕에 도착한 뒤샹은 새로운 세상에서 새로운 사람들을 만났다. 만 레이를 비롯한 수많은 예술가와 문인들이었다. 그들은 모두 뒤샹과 그의 작품들을 좋아했다.

뉴욕에 머문 지 얼마 되지 않았음에도 불구하고 그해 9월 『아트 앤드 데코레이션』지에 '우상 파괴자 마르셀 뒤샹, 예술의 관점을 완전히 뒤집어 버리다'라는 글이 실렸다.

기사를 본 뒤샹이 동료 만 레이에게 물었다.

"정말 이상한 일이야. 내가 살던 프랑스에서는 내가 그토록 심혈을 기울인 작품이 냉대를 받았는데, 미국인들은 이방인인 나에게 어쩜 이렇게도 친절한 걸까?"

"뒤샹, 너무 깊이 생각하지 마. 미국과 프랑스의 대중은 크게 다르지 않아. 각 나라 예술계의 성향 차이 때문일 거야. 알다시피 프랑스는 조금 보수적이지 않은가."

만 레이가 말했다.

"아마 그렇겠지. 어쨌거나 미국은 정말 생기가 넘치는 곳이야."

"편히 쉬면서 좋은 작품이나 많이 구상하라고."

"안 그래도 재미있는 생각이 하나 있는데……. 자네는 '우연'을 어떻게 생각하나?"

"우연? 그거야 뭐, 살아가면서 내내 우릴 따라다니는 것 아닌가. 사실 거의 모든 것이 우연이지."

"그래? 그럼, 우연을 작품으로 만든다면 어떤 모습일까? 요즘 나는 그걸 생각하고 있다네."

"재미있군!"

이러한 뒤샹의 생각은 곧 작품으로 이어졌다.

좁고 긴 세 개의 유리판을 상자 속에 넣어 만든 〈세 개의 기본 정지들〉이 바로 그것이었다. 뒤샹은 이것을 '통조림이 된 우연'이라고 정의 내려 설명했다. 우연을 깡통 속에 보관한다는 발상을 작품으로 옮겨놓은 것이었다. 뒤샹의 작품 세계는 점점 제 모습을 뚜렷이 갖추어 가고 있었다.

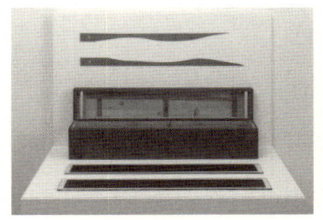

〈세 개의 기본 정지들〉, 1913~1914

그러던 어느 날, 뒤샹은 친구와 함께 항공박람회에 들르게 되었다. 거기서 뒤샹은 충격을 받았다. 화가가 해야 할 일들이 공장에서 대량 생산되고 있었다.

"세상에……."

항공박람회에서 뒤샹이 남긴 말은 자신이 나아갈 방향을 똑바로 바라보고 있는 예술가의 의미심장한 선언이나 다름없었다.

"이제 회화는 망했어. 저 프로펠러보다 멋진 걸 누가 만들어 낼 수 있겠어? 말해 보게. 자네는 할 수 있나?"

회화가 '망했다'고 선언한 그 자리에서 뒤샹이 개척할 새로운 미술의 싹이 자라고 있었다.

레디 메이드 55

뒤샹에게는 새로운 것이 필요했다. 그가 표현해 내고자 하는 예술엔 물감이 아닌 다른 도구가 절실했다. 마침, 뒤샹의 머리를 스치고 지나가는 게 있었다. 뒤샹은 당장 철물점으로 달려가 삽 하나를 샀다. 집으로 돌아온 그는 삽에 큼직큼직한 글씨로 이렇게 썼다.

'부러진 팔에 앞서서'

헐레벌떡 뛰어온 뒤샹의 행동을 곁에서 본 친구가 물었다.

"뒤샹, 이게 뭐야? 무슨 뜻이지?"

"말 그대로야. 미리 만들어진 예술이란 뜻이지."

"뭐? 이 낡은 삽이 어떻게 예술이 된단 말인가. 농담 말게."

친구가 인상을 찌푸렸다.

"자, 보게. 이 글을 쓰기 전에 이건 예술 작품이 아니었어. 또 누군가의 습작도 아니었지. 예술계에서 사용되는 어떤 용어로도 이것을 정의 내릴 순 없어. 나는 앞으로 지금처럼 '레디 메이드'라는 의미를 부여해서 작품을 만들 거야."

"흠……, 기성품을 예술의 도구로 쓴다는 건가? 재미있군.

그렇지만 반발이 대단할 텐데."

"그런 건 걱정 없어. 〈계단을 내려가는 나체〉 때 배운 게 있거든. 내가 확실한 신념을 갖고 만든다면 분명히 알아주는 사람이 있다는 거야."

뒤샹이 적용한 레디 메이드의 개념은 친구의 우려대로 수많은 반발을 낳았다.

"저게 예술이라고요? 그럼 나도 예술가겠소. 장난치는 것도 아니고 정말."

"글쎄, 전 잘 모르겠네요. 저게 대체 무슨 의미죠?"

하지만 일방적으로 그렇기만 한 것은 아니었다. 열광적인 지지자들 역시 생겼다.

"정말 독창적이군!"

미국 미술계의 유명한 평론가 한 사람이 작품 앞에서 감탄을 쏟아 냈다.

"이런 걸 전시회에서 볼 거라곤 상상도 하지 못했어요. 그렇지만 나쁘지 않은 걸요. 뭐랄까……, 오히려 무척 신선한 느낌이에요."

뒤샹은 사람들로 하여금 늘 다양한 해석을 가능하도록 한 예술의 창시자였지만 별다른 부연 설명을 한 적이 없었다. 그저 묵묵히 작품에 매진할 뿐이었다. 그에게 무엇보다 중요한 것은 새로움의 발견처럼 보였다.

그렇게 뒤샹은 차근차근 뚜렷한 주관을 가지고 새로운 작품 세계를 창조해 나가는 젊은 작가로 명성을 얻어가고 있었다. 비록 자신의 예술이 고국인 프랑스에서는 받아들여지지 않고, 낯선 타국인 미국에서 꽃피었지만, 뒤샹은 그 모든 것을 담담히 수용하고 자신에게 쏟아지는 관심과 기대에 부응하기 위해 더욱더 활발히 새로운 작품을 내놓기 시작했다.

"부르주아 화랑과 몽트로스 화랑 두 군데에서 모두 연락이 왔어. 네 작품을 전시하고 싶다는데 어떻게 할까?"

친구 만 레이가 물었다.

"좋아! 바쁘지만 여기저기서 날 찾아 준다니 기분은 날아갈 듯이 좋군!"

뒤샹은 기쁜 마음으로 여러 전시회를 동시에 준비했다. 아

울러 뒤샹은 동료 예술가들과 함께 일을 꾸몄다.

"다들 준비는 되었겠지?"

전시실에 막 들어선 뒤샹이 소리쳤다.

"물론이야, 뒤샹. 오늘만을 기다렸다고!"

아렌스버그가 말했다.

젊은 작가들은 원탁 테이블에 모여 앉았다. 주변에는 그림들이 전시되어 있었고, 조촐하지만 음식과 술이 준비되어 있었다. 모두 의욕에 넘치는 표정이었다.

"뒤샹. 팔 빠지겠어. 얼른 건배를 외쳐."

만 레이가 말했다.

"아, 그래. 미안해. 자, 우리 독립미술가협회의 어마어마한 발전을 위해 건배!"

"하하하, 어마어마한 발전이라니. 역시 욕심도 크군, 뒤샹!"

"너무 과했나? 그래도 이렇게 기쁜 날 이 정도 욕심은 괜찮겠지."

"하하하, 그렇고말고."

뒤샹은 뜻이 맞는 여러 예술가들과 함께 독립미술가협회 설립자 중 한 사람이 되었다. 이 협회는 프랑스에 창립된 독립미술가협회를 모델로 삼아 미국식으로 적합하게 맞춘 조직이었다. 심사위원도 없고 상을 수여하지 않도록 설립되었다. 살롱의 품위를 이유로 작품을 거절당했던 뒤샹의 뼈아픈 기억이 남긴 상흔이라고도 할 수 있었다.

독립미술가협회는 곧 비슷한 성향의 신인 예술가들을 발굴하고 예술계에 입문할 수 있도록 지도하는 일에 힘을 다했다. 여기서 뒤샹은 비어트리스 우드와 루이즈 노턴과 같은 예술가들을 알게 되었고, 이들을 가르치는 일에 적극적으로 뛰어들게 되었다.

뒤샹에게는 예술가로서 보낼 수 있는 최고의 나날들이 계속되었다. 쏟아지는 찬사만큼이나 비아냥거림도 받았지만 그는 어느 쪽이든 무관심보다는 낫다고 생각했다.

그렇게 뒤샹은 이제 꽤나 잔뼈가 굵은 화가가 되어 있었다. 대중들과 평론가들의 반응을 자신에게 도움이 될 만큼 적절히 걸러내어 받아들이는 것도 적응되었다.

레디 메이드

어느 날, 뒤샹은 가장 가깝게 지내는 만 레이와 이런저런 이야기를 했다.

"뒤샹, 언젠가 '예술에 대한 견해의 반전'이란 제목으로 자네에 대한 기고가 실렸었지?"

"그랬었지."

"난 가끔 자네가 어떤 생각을 하고 있는 건지 궁금하다네. 그토록 열심히 그림을 그리고 공부해 온 자네가 레디 메이드란 개념을 턱하고 가져왔을 땐 자네와 가까운 나 역시 그게 어떤 의미인지 도통 알 수가 없었거든. 지금이야 어렴풋이 그 뜻을 이해할 수 있을 것 같은 생각이 들 뿐이지만 여전히 어려워."

"만 레이. 자네 혹시 이런 생각해 본 적 있나? 그동안 화가들이 그림을 그리는 데 사용한 튜브 물감 말이야. 사실은 그것 역시 기성품이 아닌가?"

"음, 그거야 그렇지."

"색을 표현하는 도구이기 이전에, 물감은 공장에서 대량으로 만들어 낸 어떤 생산품에 불과해. 난 사람들이 내가 내놓는 레디 메이드를 낯설게 여기는 것을 볼 때마다 덩달아 낯선 기분이 들곤 한다네. 결국 이 세상의 모든 그림들은 도움을 받은 레디 메이드인 셈이 아닌가."

"자네처럼 생각할 수 있다는 게 정말 부럽군. 난 좀 더 노력을 해야겠어."

뒤샹은 친구들이나 동료와 함께 이런 대화를 나누면서 자신의 예술관에 확고함과 깊이를 더해갔다.

'예술가는 영혼으로 자신을 표현하고, 작품은 그 영혼과 하나가 되어야만 해.'

뒤샹의 레디 메이드 예술은 대량 생산되는 물질이 넘쳐나는 세상에서 아무런 성찰도 없이 살아가던 사람들을 일깨우기 시작했다. 뒤샹은 화가의 손을 해방시켰다는 평가와 함께 언제나 새로운 돌파구를 찾으려는 젊은 예술가들에게 열정적인 지지를 얻었다.

길을 찾아 헤매던 예술가가 마침내 길을 제시하는 예술가로 거듭나는 시간들이었다.

소변기 〈샘〉

"내 작품들 속에는 상상력을 자극하는
커다란 내용이 들어 있어."

어느 날 뒤샹은 문득 의문이 들었다.

'전시회에 내가 만들었다는 사실을 감추고 레디 메이드 작품을 출품한다면 사람들은 어떤 반응을 보일까?'

궁금해진 뒤샹은 곧장 이를 실행에 옮기기로 했다. 1917년 4월, 뒤샹은 뉴욕에서 열린 독립미술가협회전에 자신의 이름이 아닌 '머트'라는 이름으로 작품을 출품했다.

〈샘〉이라는 제목의 이 작품은 도자기로 만든 남성용 소변기였다. 머트라는 이름은 처음에는 모트 웍스라는 변기를 파는 회사 이름이 떠올라 생각한 것이었다. 그런데 모트는 너무 뻔한 이름이어

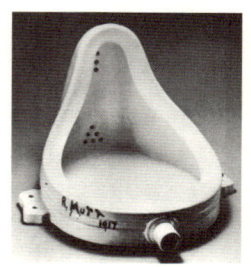

〈샘〉, 1917

서 머트로 바꾸었다. 머트는 당시 신문에 연재되고 있는 만화의 주인공 이름이기도 했다. 뒤샹은 이 가짜 서명을 통해 자신의 존재를 감춘 것이었다.

이 작품의 출품을 두고 전시회는 충격에 빠졌다. 전시를 할 것인지 말 것인지에 대한 언쟁이 벌어졌다.

"아니, 이런 흉측한 게 어떻게 전시장에⋯⋯."

"대체 머트라는 작자는 어떤 생각을 가지고 이런 걸 출품한 거야!"

"관람객들이 이걸 봐선 안 돼요!"

"그래도 출품작을 함부로 건드리는 건 나중에 문제가 되지 않을까요?"

"무슨 소리요? 그건 나중 문제고 지금 이런 걸 전시하면 웃음거리만 될 뿐이라는 걸 모르시겠소?"

전시회 관계자들의 얼굴이 붉게 달아올랐다. 그들은 이 소변기를 앞에 두고 진땀을 흘렸다.

"전시회장에 소변기라니, 이게 어디 가당키나 한 소리인가요?"

"맞아요. 일단 치웁시다!"

주최 측은 서둘러 뒤샹의 작품을 칸막이 뒤에 숨겼다. 전시

기간 내내 〈샘〉은 칸막이 뒤에 놓여 있어야만 했다. 뒤샹은 차마 주최 측에 작품을 출품한 사람이 자기라는 것을 밝힐 수 없었다.

"대체 왜 이전까지의 레디 메이드 작품들에 대해선 별 말이 없었으면서 〈샘〉에 대해선 유독 야단들이지?"

뒤샹은 이해할 수가 없었다. 그는 자신의 작품들이 세상에 빛을 보고 사람들로부터 공감을 얻는 데 만족하는 화가였다. 그런데 이렇게 수모를 당하고 보니 은근히 화가 치밀었다.

'〈계단을 내려가는 나체〉 때의 경멸을 다시 느끼는 것 같군.'

뒤샹은 일단 전시회의 위원직에서 사퇴를 결정했다. 갑작스러운 뒤샹의 사퇴에 전시회 사람들은 이상하다는 반응이었다. 그들은 영문도 모른 채 그저 씩씩거리는 뒤샹에게 위원직을 계속 해 달라고 부탁했다. 하지만 뒤샹의 마음은 차갑게 돌아선 후였다.

'이렇게 편견에 사로잡힌 사람들과 같이 일하고 싶지 않아.'

뒤샹은 겉모습만으로 작품을 재단하고, 이해하려는 노력조차 보이지 않는 사람들에게 크게 실망하고 말았다.

이를 계기로 뒤샹의 도전이 시작되었다. 고상한 체하는 많은 미술 애호가들이 야심찬 젊은 미술가의 도전에 야유를 퍼부을 것이 뻔했지만 그는 주눅 들지 않았다. 뒤샹은 여전히 자신의 진짜 정체는 숨긴 채 잡지에 〈샘〉을 옹호하는 글을 실었다.

신사 숙녀 여러분! 여러분께선 어째서 변기를 더럽다고 생각하십니까? 〈샘〉이라는 작품에 사용된 변기는 단 한 번도 사용된 적이 없는, 어쩌면 여러분들이 가정에서 요리할 때 사용하는 그릇보다도 깨끗한 상태입니다. 여러분은 매일 세균이 득실거리는 그릇에 담긴 요리를 맛있게 먹으면서 어째서 닿거나 사용한 흔적도 없는 변기는 더럽다고 생각하며 인상을 찌푸리시는 건가요? 우리는 진짜 더러운 게 무엇인지 생각해 볼 필요가 있습니다. 이 일련의 사건에서 가장 더러운 건, 진실을 가리는 우리들의 편협한 고정관념일 것입니다.

이후의 반응은 놀라울 정도였다. 머트의 정체도 밝혀졌다. 사람들은 뒤샹의 독창적이고, 허를 찌르는 해석에 감탄을 보냈다. 물론 예술에 대해 보수적인 가치관을 지닌 애호가들은 언제나처럼 독설과 비난을 쏟아 부었다.

그러나 뒤샹에게는 이 모든 것을 마땅히 감수해서라도 지키고 싶은 굳은 예술적 신념이 있었다.

"뒤샹, 이게 다 무슨 일이야?"

함께 독립미술가협회를 설립한 친구 아렌스버그가 뒤샹을 찾아왔다.

"아, 자네 왔는가."

"힘이 하나도 없어 보여."

"아니, 그렇지 않아. 처음 전시회 측의 태도에는 화가 좀 났지만 많은 대중들이 내 신념에 공감해 주고 있지 않은가. 그것만으로 충분히 보상받은 기분이야."

"자네 친구로서 하는 이야기가 아니고, 그 작품 말이야. 〈샘〉. 난 정말 멋지다고 생각했어."

"정말이야?"

뒤샹은 눈을 크게 뜨고 아렌스버그를 바라보며 말했다.

"내가 왜 자네한테 거짓말을 하겠나. 처음 봤을 때부터 심상치 않다 싶었지. 역시 자네는 대단한 예술가야. 이래 봬도 내가 사람 보는 눈 하나는 정확하다고."

"하하하, 자네도 참. 자네 덕분에 웃네."

"진심이라니까. 자네 혹시 〈샘〉이란 작품을 나한테 팔 생각 있나?"

"뭐? 그것을?"

"그래. 친구로서 하는 부탁이야. 내 마음에 꼭 들어서 갖고 싶다네."

"다른 사람이면 몰라도 자네의 부탁이라면 기꺼이 들어주어야지."

한바탕 소란을 불러왔던 작품 〈샘〉은 이렇게 뒤샹의 친구 아렌스버그의 손에 들어가게 되었다. 그러나 후에 아렌스버그가 작품을 잃어버려 뒤샹은 〈샘〉을 하나 더 만들었다. 그 작품은 밀라노에 있는 한 화랑이 소장하게 되었다.

〈샘〉이라는 작품은 화장실 벽에 붙어 있는 남성용 소변기를 90도 각도로 눕힌 다음 조각 작품처럼 받침대 위에 올려놓은 것이었다.

'사람들은 정말 이상해. 변기라고 더럽게 여기면서도, 그것이 전시회장에 있을 때는 아무도 진짜 변기처럼 사용하지 않잖아.'

뒤샹은 이것이 곧 변기가 예술 작품으로 거듭났음을 증명하는 바라고 생각했다. 전시장이라는 공간, 예술가의 서명, 그럴 듯한 조각 작품처럼 놓인 모양. 이러한 것들이 물건 자체를 바꾸는 것이 아니라, 물건을 바라보는 사람들의 눈이 작품을 다르게 만든다는 것이었다.

'사실 변기라는 생각을 버리고 본다면 저것은 꽤나 아름답게 생긴 물건이 아닌가. 희고 매끈하며 균형 잡힌 굴곡까지 얼핏 보면 도자기 같기도 하고 말이지. 사람들이 이것을 알아채지 못하는 것은 기존 제도와 틀에 갇힌 사고방식 탓이야.'

뒤샹은 모든 것을 알고 있었다. 그리고 이것은 곧 기존의 미술 작품 전시 및 비평 시스템 자체에 대한 도발이기도 했다.

뒤샹이 살롱이나 전시에서 거절당한 근본적인 이유는 수준이 떨어지는 작품이어서가 아니라 작품 자체가 기존 체제를 송두리째 부정하는 의문이었기 때문이다.

'무엇은 미술이 될 수 있고, 또 무엇은 될 수 없을까?'

뒤샹을 사로잡은 커다란 명제는 이것이었다. 뒤샹의 이런 의문은 미술과 비미술의 경계를 기존보다 흐릿하게 하며 미술이라는 예술의 테두리를 훨씬 더 넓게 재구성하도록 했다. 우리가 보고 듣고 느끼는 모든 것이 미술이 될 수 있었다. 미술의 가능성이 무한해진 것이다.

삼십대에 접어든 이후, 뒤샹은 점차 위대한 예술가로 발돋움해 나갔다. 하지만 머릿속이 복잡하기도 했다. 1918년, 뒤샹은 여행을 결심하고 남미로 떠났다. 부에노스아이레스에서 지내던 어느 날, 그에게 전보가 도착했다.

"전보가 올 일이 없는데……, 무슨 일이지?"

의아한 표정으로 전보를 열어 본 뒤샹의 얼굴이 슬픔으로 물들었다.

"형……, 레이몽 형……."

뒤샹은 말을 잇지 못했다. 얼굴은 눈물로 뒤범벅되었다. 전보는 레이몽의 죽음을 전하고 있었다.

"형의 건강이 안 좋다는 건 알았지만 이 정도일 줄은 몰랐어. 옆에 있어 주지 못해서 정말 미안해……."

뒤샹의 모든 말들은 슬픔에 잠겨 있었다.

그 당시 뒤샹은 깐느 지역에 체류 중이었던 레이몽과 연락이 거의 두절되다시피 한 상태였다. 뒤샹은 형의 상태를 제대로 알지 못했던 자신을 자책하며 프랑스로 돌아갈 계획을 세웠다.

어린 시절부터 믿고 의지했던 형의 죽음은 뒤샹에게 엄청난 충격을 가져왔다. 각자의 일이 바빠 자주 보지 못했지만 뒤샹은 항상 마음으로 형에게 의지하고 있었다.

그는 서둘러 배표를 샀고, 항구에서 초조하게 배가 들어오기만을 기다렸다. 날이 밝자 배가 들어왔다. 뒤샹은 제일 먼저 배에 올랐다. 구석에 앉자마자 눈물이 흘렀다. 배는 천천히 파리로 향했다.

"파리도 많이 변했군. 음습한 느낌이야."

파리에 도착한 뒤샹은 곧장 집으로 달려갔다.

장례식을 무사히 끝내고, 뒤샹은 다시 미국으로 돌아가기로 마음먹었다. 사랑하는 형의 죽음과 고향 땅의 낯선 모습은 뒤샹에게 더 이상 프랑스에 머물 이유를 주지 않았다.

수염 난 모나리자

"레디 메이드를 통해 불행과 행복에 대한 생각을
드러내는 것은 매우 흥미로운 일이었어."

뒤샹은 프랑스를 떠나기 전, 친구와 함께 레오나르도 다 빈치의 〈모나리자〉가 인쇄된 엽서를 가지고 작품 하나를 만들었다.

사실 이것은 작품이라기보다는 유희에 가까운 것이었지만 뒤샹은 모든 예술이 무겁고 진지할 필요는 없다는 생각을 가졌던 화가였다.

"난 〈모나리자〉의 아름다운 미소를 볼 때마다 중성적이라는 느낌을 받았어."

"맞아. 어떤 설에 따르면 다 빈치가 본인의 자아를 그림에 담으려 해서 그런 느낌을 준다고도 하더군."

"흠. 그럼 이건 어떨까?"

뒤샹은 모나리자의 얼굴에 수염을 그려 넣었다.

"하하하, 뒤샹! 그건 콧수염이잖아!"

"우아함은 좀 덜하지만, 어떤가? 조금 익살스러운 모나리자가 완성되었지?"

"내 친구지만 자넨 정말 못 말리겠어. 그렇지만 확실히 자네 말대로 재미있는 모나리자 그림이 된 것 같긴 하군."

"그렇지?"

뒤샹은 뿌듯하게 자신이 한 일을 바라보았다.

군 복무를 위한 시험을 치를 때 대답했던 것처럼 〈모나리자〉는 그가 가장 좋아하는 그림 가운데 하나였다.

레오나르도 다 빈치를 깎아내리거나 조롱할 생각은 없었다. 그는 그저 어떤 기성품에 예술 작품으로서의 면모를 불어넣어 주고 싶을 뿐이었다. 그는 거장 레오나르도 다 빈치의 그림 위에 자신의 색깔을 입힐 수 있게 되어 뿌듯했다.

'잡지에 실어 봐야 겠군. 사람들은 이걸 보면 어떤 생각을 할지……'

이듬해 봄, 『391』 잡지에 〈수염 난 모나리자〉가 실리게 되었다.

〈수염 난 모나리자〉, 1919, 작품명은 〈L. H. O. O. Q〉이지만 〈수염 난 모나리자〉로 불리기도 합니다.

잡지를 본 사람들은 크게 놀랐다.

"아니, 이런 위대한 작품에 누가 애들 낙서 같은 걸 해 놓았네. 망측해라."

"레오나르도 다 빈치의 그림에 장난질이라니. 허허허, 세상 참……."

그러나 다른 반응도 있었다.

"뒤샹이라면 그럴 만하지. 기성의 권위와 질서를 이토록 장난스러운 방식으로 비꼴 수 있는 작가는 뒤샹뿐이야."

"재미있네. 색다른 아이디어야."

늘 그렇듯 상반된 평가가 쏟아졌다. 하지만 이제 더는 그런 것에 개의치 않을 뒤샹이었다.

'작품을 어떻게 생각하든 그건 작품을 보는 사람들 몫이야. 어떻게 평가된들 그게 무슨 의미가 있어?'

대중과 평론가들의 평가보다 그는 자신의 신념에 따라 그림을 구성하고 만드는 게 중요하다는 믿음을 이어갔다.

어느 날, 뒤샹은 자신과 함께 독립미술가협회를 설립한 캐서린 드라이어의 언니로부터 작품을 주문받았다.

"당신이 만든 것이라면 무엇이든 좋아요. 저를 위해 작품을 만들어 주실 수 있나요?"

"음……, 좋습니다. 하지만 지금 전 그림을 그리고 싶진 않군요. 그냥 머릿속을 스쳐 가는 것을 만들어드리겠습니다."

"기대할게요."

뒤샹은 즉시 각설탕 형태로 만든 작은 대리석 조각들과 온도계, 그리고 오징어와 상어의 뼛조각들을 구해 왔다. 그는 그것들을 전부 작은 새장 속에 넣고 겉면 전체를 하얀색으로 칠한 후 작품을 완성했다.

작품의 제목은 〈로즈 세라비는 왜 재채기를 하지 않는가?〉였다. 당시, 뒤샹은 로즈 세라비란 가명을 만들었다.

완성된 작품을 본 드라이어의 언니는 어리둥절한 표정으로 작품을 받았다.

〈로즈 세라비는 왜 재채기를 하지 않는가?〉, 1921

"감사해요. 뭐랄까, 정말 인상적인 작품인 건 확실하네요."
"마음에 드셨다면 기쁩니다."

하지만 그녀는 솔직히 이 작품을 이해할 수 없었고, 동생 캐서린에게 팔아 버렸다. 결국 마지막에는 아렌스버그 부부가 이 작품을 갖게 되었다. 훗날, 이 작품은 파리 초현실주의 전시회에 전시되는데, 작품에 대한 뒤샹의 설명은 작품보다 더 난해했다.

'이 작은 새장은 각설탕으로 가득 차 있다. 하지만 그 각설탕은 대리석으로 만들어진 것이라 이것을 들어 보면 생각지도 못한 무게에 다소 놀랄 것이다. 온도계는 그저 대리석의 온도를 기록하기 위한 것이다.'

보는 사람으로 하여금 대체 무슨 생각으로 만든 작품일까를 고민하게 만드는 이 조형물은 그 자체로 뒤샹에게 큰 의미를 갖는 작품이었다. 그는 언제나 작품을 통해 사람들과 나누는 대화를 즐겼다.

오랜 실험과 연구의 시간을 거쳐 뒤샹의 예술 세계는 서서히 완성되어가는 것처럼 보였다.

자칫 억지스럽게도 보일 수 있는 뒤샹의 작업에 불만을 가지고 있는 사람들이 없는 것은 아니었다. 아니, 오히려 많았다고 하는 편이 더 정확할 것이다.

뒤샹을 싫어하는 사람들은 뒤샹의 작품을 무조건 비난했다.

"〈계단을 내려가는 나체〉는 외설적인 제목으로 시선을 끌었지만 제멋대로 그어 놓은 선들의 연속일 뿐, 가치 있는 그림이 아니다!"

"〈샘〉은 전시회장을 모욕한 장난질이다!"

"〈수염 난 모나리자〉는 거장 다 빈치의 그림을 욕보인 낙서다!"

늘 뒤샹의 곁에서 그를 지켜보던 가족과 친구들은 그가 염려스러울 수밖에 없었다.

"뒤샹, 괜찮아. 네 작품을 비난하는 말들은 그냥 무시해 버려도 좋아. 이미 네 그림은 충분히 인정받고 있잖아."

"물론이지. 그런 비난은 워낙 옛날부터 들어 왔던 거라 정말 아무렇지도 않아. 걱정 말라고."

거리를 걷다가도 극렬한 예술적 보수주의자나 나이 많은

미술 애호가들을 만나면 뒤샹은 모욕을 감수해야만 했다.

"〈모나리자〉에다가 장난을 쳐 놓은 놈 아냐? 레오나르도 다 빈치의 발끝에도 못 닿는 화가 주제에 어딜 감히!"

뒤샹의 이런 의연한 태도는 하루아침에 얻어진 것은 아니었다. 틀에 박힌 사람들의 싸늘한 시선 속에서도 묵묵히 자신의 신념을 위해 정진한 결과였다. 뒤샹은 그 누구보다 스스로에게 당당했다.

그러던 어느 날, 뒤샹으로서도 그냥 지나칠 수 없는 소식이 들려왔다.

"뒤샹! 그 소식 들었나?"

"아침부터 웬 호들갑인가? 근데 무슨 소식? 아무 소식도 못 들었는데."

"글쎄 파리의 크루즈라는 화랑에서……."

"그 화랑에서 뭐?"

"〈마르셀 뒤샹의 비극적인 죽음〉이라는 연작 그림을 전시한다고 하더군."

"……."

웬만한 비난에는 끄떡하지 않던 뒤샹이었다. 하지만 충격적인 전시 제목에 뒤샹 역시 잠시 말을 잃을 수밖에 없었다. 무례할 수밖에 없는 전시명이었다.

"괜찮나, 친구? 아무래도 알아 두는 것이 좋을 것 같아서 말을 하긴 했네만……."

잠시 멍하니 있던 뒤샹은 곧 단호한 목소리로 말했다.

"알려 줘서 고맙네. 유일한 반박은 무관심이지."

자신감에 찬 목소리였다.

뒤샹은 수많은 시련을 거치며 부당한 비난에 스스로를 보호하는 방법을 깨달은 사람이었다.

그런 뒤샹을 바라보고 있던 친구의 표정은 서서히 밝아졌다.

"역시, 뒤샹이로군. 자네가 옳아. 이런 것들은 무시하는 게 낫지."

뒤샹의 이러한 반응에 대중들의 관심 역시 〈마르셀 뒤샹의 비극적인 죽음〉에서 멀어져 갔다.

결국, 세 명의 젊은 화가*가 야심차게 기획했던 전시는 무관심 속에 막을 내리게 되었다.

---

* 1965년에 화가 아이오와 아로요, 레칼카티는 〈마르셀 뒤샹의 비극적인 죽음〉 연작 그림을 발표했습니다.

1967년, 뒤샹이 팔십 세가 되던 해였다.

그해 4월 15일, 그가 학창 시절 머물렀던 루앙의 미술관에서 '뒤샹 가족 : 자크 비용, 레이몽 뒤샹 비용, 마르셀 뒤샹, 쉬잔 뒤샹' 전시가 열렸다. 4년 전, 가스통과 쉬잔마저 죽은 뒤 혼자 남게 된 뒤샹에게는 감회가 남다른 일이었다. 그가 화가로 데뷔하던 때 약속했던 일이 현실로 이루어졌다.

"아직도 형님들의 웃음소리가 귓가에 들리는 것 같습니다. 그때 우리 다 같이 있을 때가, 정말이지 참 좋았지요. 늦게나마 형님들과 약속했던 걸 지키게 되어 기쁩니다."

함께 자리한 사람들 모두 뒤샹 형제의 우애를 떠올리며 눈물을 흘렸다.

뒤샹은 루앙의 잔 다르크 거리에 있던 옛 집 현관문에 붙은 문패의 먼지를 털어 내며 잠시 감회에 젖었다. 이를 지켜보던 친구 만 레이가 말했다.

"뒤샹, 자네보다 먼저 떠난 형님들이 하늘에서 자넬 보며 기뻐할 걸세."

"고맙네, 친구."

"어서 기운 좀 차리라고."

"허허허, 알겠네. 잠깐 옛 생각이 났던 것뿐이야."

거의 평생을 함께 하며 뒤샹에게 큰 힘이 되어 주었던 가족들이었다. 모두가 뒤샹보다 앞서 하늘나라로 갔지만 뒤샹은 늦은 후회 따위는 하지 않았다. 친구 만 레이의 말대로 모두가 하늘에서 그를 지켜보며 흐뭇해 하고 있을 거라 믿었다.

'다들 그곳에서 편안하게 쉬고 있길 바랍니다. 오늘 전시의 주인공은 제가 아니라 당신들이에요. 아니, 어린 시절 우리들의 약속이지요.'

뒤샹의 삶에서, 가족들은 인생을 함께 한 동반자이자 힘의 원천이었다. 뒤샹에게 가족 전시회는 그가 여태껏 치러 낸 그 어떤 전시보다도 그에게 큰 여운을 남겼다.

나는 행복한 사람이다

"나의 예술은 살아가는 것이었어. 매 순간, 숨 쉬는 것은 그 어디에도 써 있지 않고, 시각적인 것도 정신적인 것도 아닌 작품인 셈이지."

뒤샹은 예술가였지만 취미는 체스였다. 사실 그는 작품 활동을 쉴 때면 체스 대회에 나가 상을 휩쓸 정도의 실력자였다.

친구들은 그런 그에게 말했다.

"뒤샹, 대체 어떻게 하면 그렇게 체스를 잘 둘 수 있게 되는 건가?"

"그러게. 그림은 안 그리고 내내 체스만 두는 건 아니겠지?"

"하하하, 넘겨짚지 마. 그 정도로 바보는 아니니까."

"정말이지 신기하단 말이야. 재미없는 것은 뭐든지 못 견디는 성격인데도 체스 말만 쥐어 주면 몇 시간이고 얌전히 앉아 있으니……."

"그러게 말이야, 근데 저 친구가 신기한 점이 어디 한두 가

진가? 이젠 뭐 다 그러려니 하니."

"하하하, 그만 놀리게나."

미술 세계가 아닌 곳에서도 그를 꾸준히 드러나게 만든 체스는 뒤샹을 평생 따라다녔다. 그는 체스 세계선수권대회에서 우승을 차지하기도 했다. 미술 분야와 더불어 체스 대회에서도 정상에 우뚝 선 셈이었다.

그의 인생의 마지막 해인 1968년, 뒤샹은 예술가로서 누릴 수 있는 가장 최고의 영광을 누리게 되었다.

뉴욕근대미술관에서 열린 '다다, 초현실주의와 그 유산전'이라는 제목의 전시회에서 마르셀 뒤샹은 그 누구보다도 우월한 자리를 부여받았다. 그전까지 미국의 어떤 예술가도 받아 보지 못한 대우였다.

"예술에 대한 나의 믿음을 진정으로 이해받은 기분입니다. 이제 죽어도 후회할 일은 없겠어요."

뒤샹은 만족스럽게 말했다.

물론 그에게도 아쉬운 점이 전혀 없는 것은 아니었다. 미국에서는 높은 평가를 받으며 최고 예술가의 반열에 올랐지만 정작 고향인 프랑스에서는 그의 업적을 인정하지 않으려는 분위기였다.

그러나 인생의 끝자락에 선 그는 누구보다 자신감과 여유가 있는 사람이었다. 그는 사람들의 평가에 대해 무덤덤했다. 죽음 앞에서도 그랬다. 그는 마치 죽음을 예감한 듯 친구들에게 자신의 묘비 문구를 알려 주었다.

"내가 죽으면 묘비에 이런 말을 새겨 주면 좋겠네. '게다가 죽는 것은 언제나 타인들이다'라고 말이야."

본인의 차례가 오는 순간 더 이상 그 차례조차 인식할 수 없게 되는 죽음의 비극적인 특성을 꿰뚫는 문구였다.

그리고 그해 가을, 뒤샹은 길고 아름다웠던 생애를 마감하고 세상을 떠났다.

뒤샹에게 예술이란 자신이 살고 있는 시대의 산물이자 소

통의 매개였다. 그가 창조해 낸 레디 메이드는 자칫 잘못하면 '아무것이나, 아무렇게나'라는 오해를 불러일으키기 쉬웠다. 기성품을 사용하다 보니 '아무 물건이나 갖다 놓고 제목만 그럴듯하게 붙이면 되는 거 아니야?'라는 말을 들을 수도 있었다.

실제로 이것은 뒤샹의 작품을 싫어하던 사람들이 그를 비난하는 방식이기도 했다.

그러나 레디 메이드는 단순히 물건을 가져다 놓는 것이 아니라 물건이 있어야 할 본래의 위치를 바꾸어 놓음으로써 생기는 그 '이후의 의미'에 주목해야 하는 예술이었다.

뒤샹의 예술이 우리들에게 감동을 주는 것은 이러한 예술가로서의 신념과 더불어 그가 스스로를 갈고 닦아온 과정이 있었기 때문이다.

그는 자신이 그림을 공부했던 기간을 '긴 수영 연습'이라고 표현했다. 그 기간 동안 뒤샹은 인상주의, 상징주의, 야수주의를 거쳐 입체주의를 습득했다. 따라서 그가 탄생시킨 레디 메이드는 위대한 선배 화가들의 정신을 깨우치고 익힌 뒤에 얻은 독창성이자 자유로움이라 할 수 있을 것이다.

뒤샹은 죽기 직전 자신의 삶을 이렇게 돌이켜보았다.

"나는 운이 좋았다. 먹고 살기 위해서 일을 한 적도 없었고 할 필요도 없었다. 또한 그림은 나에게 강제적인 자기 표현의 요구가 아니었기 때문에 즐겁지 않은 데셍이나 크로키를 할 일도 없었다. 더 이상 말할 것이 없다. 나는 후회가 없다."

짧았던 결혼 생활과 오랜 독신 기간, 경제적 가치에 얽매이지 않는 그의 천성 등이 그가 그토록 '후회 없는 삶'을 살게 하는 데 일조했겠지만, 가장 중요한 것은 그가 정말 좋아서 그림을 그리고 작품 활동을 했다는 것이다.

진정으로 좋아하는 것에 열정을 다하며 그 과정을 즐길 수 있었기에 오늘날 우리가 감탄하는 뒤샹의 명작들이 탄생할 수 있었던 것이다.

그의 작품들은 많은 면에서 여전히 수수께끼로 남아 있지만 그의 삶에서 우리가 배울 점만큼은 모호하지 않다고 여겨진다. 그것은 바로 목표를 향한 끝없는 도전과 노력이다.

뒤샹 연보

1887년 7월 28일
프랑스 블랭빌 크레봉에서 태어났다.

1893년
블랭빌의 공립초등학교에 입학하여 상급학교로 진학하기 전까지 이 마을에서 자랐다.

1897년
코르네이중학교 6학년으로 올라가 루앙에 있는 에콜 보쉬에서 기숙사 생활을 했다.

1900년
셋째 여동생을 그린 연필 소묘 〈피아노를 치는 막들렌〉은 주변의 주목을 끈 첫 번째 작품이 되었다.

1903년
바칼로레아 1차 시험에 통과한 뒤샹은 소묘 부문에서 1등으로 입상했다.

1904년
바칼로레아 2차 시험에 통과하고 미술 애호가 최우수상 메달을 받았다. 열일곱 살이 된 뒤샹은 아버지에게 형들과 함께 파리에서 지내고 싶다고 요청했다.

1905년
파리국립미술학교 입시에서 탈락했다. 이때부터 1910년까지 『르 리르』, 『르 쿠리에 프랑세』지에 캐리커처를 종종 그렸다.

1906년 10월
1년 동안의 군 복무 후 제대했다.

1907년 5월
팔레 드 글라스에서 열린 '제1회 풍자화가 살롱전'에 작품을 처음 선보였다.

1909년 3월
'살롱 데 쟁데팡당'에 작품을 선보였다.

1912년
제28회 '살롱 데 쟁데팡당'에 〈데생〉과 〈계단을 내려가는 나체〉를 출품하지만 협회에서는 그의 작품을 끌어내리라고 말했다. 뒤샹은 자신이 직접 그림을 철수하고 그 자리에 아무것도 걸지 않았다.

1913년
파리에서 첫 번째 오브제인 〈자전거 바퀴〉를 완성했다.

1915년
자신의 창작물에 '레디 메이드'라는 의미를 부여하여 작품을 만들기 시작했다.

1917년
뉴욕 독립미술가협회전에 뒤집어 놓은 남성용 소변기 작품 〈샘〉을 출품했다.

1918년
주문 작품 〈너는 나를〉을 완성하며 그림은 그만 그리겠다고 결심했다. 둘째 형 레이몽의 사망 소식을 듣게 되었다.

1919년
가장 유명한 레디 메이드 〈수염난 모나리자〉 작품을 만들었다.

1925년
뒤샹의 어머니와 아버지가 세상을 떠났다.

1932년
국제체스연맹의 대표로 임명되어 1937년까지 재직했다.

1937년
시카고 아트 클럽에서 소규모로 뒤샹의 작품을 몇 점 선보이며 그의 첫 번째 개인전을 열었다.

1945년
예일대학 아트 갤러리에서 '뒤샹, 뒤샹 비용, 비용전'을 열었다.

1953년
뒤샹에 관한 최초의 기사 '다다의 아버지'가 『라이프』지에 실렸다.

1957년
뒤샹의 제안으로 뒤샹과 그 형제들의 작품을 모아 '자크 비용, 레이몽 뒤샹 비용, 마르셀 뒤샹전'을 기획했다.

1960년
뉴욕의 국립예술문학원 회원으로 선출되었다. 브루통과 함께 뉴욕의 다르시 갤러리에서 열린 전시 '초현실주의자가 마법사의 영역을 침범하다'를 기획했다.

1964년
뒤샹은 자신의 레디 메이드를 복수 제작하겠다는 과감한 생각을 떠올렸다.

1966년
뉴욕의 코르디에 엑스트롬 갤러리에서 열린 '카이사에게 바치는 경의'에 레디 메이드로 표준형 체스판 30개를 전시하고, 이를 판매해 미국 체스협회를 후원했다.

1967년
'뒤샹 가족 : 자크 비용, 레이몽 뒤샹 비용, 마르셀 뒤샹, 쉬잔 뒤샹' 전시를 열었다.

1968년 10월 2일
세상을 떠났다.